A l'encre d'Or sur la nuit

Lydia Montigny

A l'encre d'Or sur la nuit

… la Vie s'aventure et s'écrit…

Éditeur : BoD-Books on Demand,
12/14 rond-point des Champs Élysées,
75008 Paris,
France
Impression : BoD-Books on Demand,
Norderstedt, Allemagne
ISBN : 978-2-32216524-7

Dépôt légal : Octobre 2018

… Au clair de la plume,

C'est la Vie qui s'écrit

Coule du soleil ou de la lune,

L'aventure, de son encre, s'inscrit…

CRI

C'est un cri de joie
Sautillant parfois
Sur l'aigu maladroit,
Et l'hystérie de la voix,
Les bras en croix

C'est un cri dans le froid
Dans la peur, dans l'effroi,
Et l'immense désarroi
S'inscrit sur la soie
D'une nuit sans toi

C'est un cri de stupeur
Englué de bonheur,
Le courage en sa clameur
Salué d'un son approbateur

C'est un cri, un premier cri
De l'enfant respirant la Vie
Une poésie dans mon esprit
Et l'amour, l'amour qui le crie...

MEDITATION...

Dans l'instant rare
De solitude pure
Je me retrouve avec ce Rien
Avec Personne
A peine avec moi-même...
Juste l'infime présent
Illuminant le visage
De demain...

Je voulais t'offrir
Un grand bouquet de fleurs
Mais tu dis que le bonheur
Dans les champs doit fleurir

Je voulais te donner
Une ode d'arcs en ciel
Mais le ciel essentiel
Et un lac irisé et stellé

Je voulais te présenter
Un instant parfumé
Que même les yeux fermés
Tu aurais deviné

Je voulais te confier
L'instant imaginé
Comme un grand feu sacré
Et mon cœur s'est enflammé…

J'ai pris une photo
De ce jour inconnu
Où le hasard a croisé
Le chemin de l'opportunité...

Elle danse
Tourne, s'élance,
Monte doucement,
S'arrondit lentement,
Boucle, vrille,
Courbe subtile,
Et prise de coquetterie
Pose un point, ravie,
Voire même un bibi
Pour une voyelle plus jolie !
Elle danse,
Funambule en confiance
Bulle sans défense,
Dessinant en toute élégance,
Avec la légèreté d'un papillon
Les lettres de ton prénom…

Signé : Ma *Plume*

INTERDIT

Il est interdit
De faire
Ou de ne pas faire,
De dire
Ou de se taire,
D'obéir
Ou de briser les fers...
En voulant juste vivre
Sans rien interdire
On peut espérer
Que le futur
Que la vie et son aventure
Sont toujours le sourire
De ton visage le soir,
Le soir où tout est espoir
Comme une nouvelle histoire...

L'interdit est une chaîne
Une barrière qui se ferme,

...\...

.../...

Un vieillard mourant de faim
Ne tendant plus la main,
Un enfant ne jouant plus
Parce que le ciel ne dort plus...

Il est interdit ?
Comme si le Paradis
Devenait un enfer...
Je ne demande rien,
Mais ne m'interdisez rien...

Là où la Liberté

mérite

le respect,

l'Interdit

ne demande

qu'obéissance…

Le soleil
Coule sur ma peau
De son or et lumière
Il ruisselle
Et je reste immobile
Prisonnière
De l'éclat
De ton sourire...

COUCHER DE SOLEIL

Le soleil décline
Courbant l'échine
D'une journée mutine...
Au loin, l'ombre féline
Se dessine...
A l'encre de chine
D'un noir violine...
La nuit arrive, divine,
Dans un parfum d'églantine.
Elle pose sur ma vie orpheline
Sa caresse angevine,
Illuminant dans sa capeline
Des rêveries alcalines,
Des espérances anodines...
A la lueur fine
De la lune opaline
Je m'endors et m'incline...

J'implorerai
la nuit de se taire
lorsque tu me diras
« À demain »...

... Déjà la nuit vient inonder
Un paysage mal dessiné,
Posant des masques obscurs
Sur ces songes impurs...
Mais je devine encore
Le soleil de ton corps
Et la tendresse innocente
De nos vies impatientes...
N'en déplaise à la lune
La vie est... une plume !...

Sur le parchemin de la Vie
Le synopsis s'écrit

Sur la soie de ce jour
Se pose le papillon de mon amour

Sur cet instant de transparence
Je lis dans tes yeux... cette évidence...

... TOUJOURS...

Elle ne dit rien
Au milieu de cette nuit
A la lueur
De ses souvenirs
Les feuilles s'affolent
Tourbillonnent et s'envolent
Dans le vent

Elle ne dit rien
Au milieu de cette vie
A la douceur
A la douleur
A la couleur
De cet avenir

.../...

.../...

Elle ne dit rien
Imagine tout
Dessinant des mots
Simples et beaux
Sages et fous
Pour lui dire un jour
Sa passion d'un... «Toujours»...

LE TEMPS DE...

Le temps d'une dance
En cadence s'élance,
Ta main dans ma main
Ta main sur mes reins
Dansons après la fin...
La musique sait bien
Comme les cœurs balancent
Dans sa folle attirance...
Le temps d'une vie
Le temps d'une pluie
Passent les nuits
Où je t'écris
Passent les jours
Où j'écris toujours
Ma main sous ta main
Pour que tu lises enfin...

J'ai découvert

qu'il y a un nouveau jour

dans la semaine....

Il s'appelle

DEMAIN !...

Joue-moi sur l'orgue, la leçon
Des notes folles du diapason,
Le solfège du petit démon
Nous fait perdre la raison...

Joue-moi sur l'orgue oublié
Les disparus de ces années,
Ceux qui, dans le ciel étoilé
Ecoutent tes sons, enchantés...

Joue-moi sur l'orgue de ton âme
Tes sentiments sur toute la gamme
Allant du sourire aux larmes
Joue-moi, de tout ton charme...

Le Charme... ?

C'est dire « vous »

dans l'infime instant

où le « Tu »

s'est tu...

Peut-être le sais-tu...

PUISQUE...

Puisque je ne suis Rien
Qu'un signe de la main
Sans ligne à ce destin
Serrant fort mes poings

Puisque je ne suis pas
L'empreinte de ton pas
La tâche d'un guépard
L'attache vide d'un départ

Alors je sombre
Doucement sous ton ombre
Et le silence blême
Efface mon poème

.../...

.../...

Puisque je ne suis Rien
Qu'une poussière sur un chemin
Un soir sans lendemain
Une élision en latin

Puisque Rien n'est pas Rien
L'infini est demain
Je suis un point de non-retour
Foudre de l'amour...

Joue-moi sur l'orgue, la leçon
Des notes folles du diapason,
Le solfège du petit démon
Nous fait perdre la raison...

Joue-moi sur l'orgue oublié
Les disparus de ces années,
Ceux qui, dans le ciel étoilé
Ecoutent tes sons, enchantés...

Joue-moi sur l'orgue de ton âme
Tes sentiments sur toute la gamme
Allant du sourire aux larmes
Joue-moi, de tout ton charme...

J'ai 2 bras

J'ai 2 jambes, 2 mains aussi

Mais 1 seul cœur...

Je te le donne...

1000 NUITS

1000 nuits
Ou juste une nuit
Pour t'emmener loin d'ici
Vers un ailleurs, un infini
Aux frontières du rêve
Où je serai Eve
Où tu seras Roi.

1000 nuits irréelles
N'auront la douceur de celle
Où tu m'as serré contre toi,
Où j'ai dormi contre toi…
Le monde avait disparu
Comme une ombre inconnue,
La fièvre est venue
Brûler nos peaux nues…

…/…

.../...

1000 nuits
C'est une histoire qui
Vient d'une autre vie en sanskrit,
Et la flamme d'une bougie
Brillant dans tes yeux aussi...
Nous vivons dans l'oubli
De ce temps éconduit
Aux portes de l'indolence
Aux armes de l'innocence...

1000 nuits
Ou une nuit
Ce paradis perdu
Je ne le quitterai plus,
Les nuits auront fondu
De l'avoir tant parcouru...
La nuit aura raison
Après 1000 nuits de passion...

CONJUGAISON DU TEMPS

J'espère
Tu patientes
Il attend
Nous prenons le temps
Vous oubliez
Ils passent temps

J'ai écouté le vent
Sifflant, huant, strident,
Tordant les arbres verts,
Brisant les ormes fiers,
Aplatissant au sol
Les rebelles herbes-folles...

J'ai écouté l'enclume
Qui rythmait dans la brume
Le chant de ce marteau
Sur le fer au galop...
Portera-t-il chance,
Errance ou espérance ?

J'ai écouté les pleurs
Les peurs et les rires moqueurs,
Les fanfaronnades fades,
Tours de magies maussades...
J'ai écouté ton cœur,
J'ai entendu simplement le Bonheur...

J'ai demandé à la Terre
De tourner
Juste le temps
De te retrouver…

J'ai demandé au Temps
De ne pas tourner
Quand je t'aurai trouvé…

Et tu es là…

DEVENIR...

Quel doux chavirage...
De la plume à la page
Les mots voyagent,
Jouant de leur image
Derrière les mirages...

Je les lis sur ton visage
En délicats messages
Et devine le présage
Dans le divin sillage
De ce parfum si sage.

...Devenir ton otage
Dans l'encre de ton adage
Dans ta nuit sauvage
Que tendrement tu me partages...

C'est sans doute

pour que le temps

paraisse moins long

que les aiguilles des horloges

décrivent

des cercles...

REVE INACHEVE

Je voudrais
Etre ce rêve
Inachevé...
Tu te réveillerais
Cherchant dans l'espace
De tes bras
La silhouette, la douceur,
Le parfum de ce corps...
Tes yeux ne me verraient pas
Mais je serais là,
Au bout de tes doigts
Tremblants, frôlant,
Contournant,
Glissant,
Caressant...
Alors je serai ce rêve
Qui ne s'achèvera pas...

Laisse-moi   poser

mon doigt sur ta bouche

pour dire au silence

de garder le secret

que mon cœur

t'a confié...

...

... RÂ...

De ce ciel brûlant
Il coule doucement
Blanc, or
Ardent
Il mort
A pleines dents
Verticalement
Mon corps
Qui respire
Lentement...
Et soudain
Tu poses tes mains
De soie, de glace
Tendres et sans audace
Sur mon dos
Sur ma peau...
La nuit prendra la place
Du grand Râ fugace
Et tu viendras
Brûlant
Contre moi
Doucement...

ON DIT...

On dit
Que le vent
Joue souvent
Avec les cerfs-volants
Des enfants,
Qu'il vole
Dans les cheveux
Des rubans
Aux amoureux,
Et s'envole
Dans les ailes
Des oiseaux...
Le bleu du ciel
N'est pas si haut...

On dit
Que l'amour
Est un miroir
Où l'on ne peut voir
Que l'être aimé, toujours...

.../...

.../...

"Soi" n'existe pas
Puisqu'on l'a donné
Pour son reflet...

On dit
Que la Terre est ronde
Alors les jours se confondent
Et la mer est le sel
Des larmes de l'Univers...
On dit
Que la Vie est belle
Lorsqu'on entend
Dans le vent
Cet air...

Dis-moi...

Elle ne porte plus ses rêves
Mais ses rêves la portent

Elle ne dort plus la nuit
Mais son trésor, c'est lui

Elle ne cueille plus de fleurs
Elles fleurissent dans son cœur

Elle n'est plus solitaire
Puisqu'il est son seul air, si solaire

Elle ne vit plus sans lui
Sa vie n'est que pour lui...

...Tu la reconnaitras...

Signé : Inconnue.... jusque-là...

Dans le silence d'un mot
Naît le bruit de ma plume,
Vit la voix de voyant,
Puis meurt l'instant le comprenant...
... Et tout recommence au mot suivant...

La Terre
était la Terre
... avant que l'être humain ne pose un pied dessus...

The Earth ...
was the Earth
...until a human being puts a foot on it...

La Terra
era la Terra
...prima che l'essere umano ci metta un piede sopra...

La Tierra
era la Tierra
...antes de que el ser humano pongo un pie sobre
eso...

Dans le reflet de mon âme
Flotte une étincelle...
Elle vacille, tremble, et se pâme
Ta vie la rend si belle...

RENCONTRE

Elle a croisé son regard…
Charmée, elle a souri…
Elle s'est arrêtée pour lui,
Et tant pis pour le retard !
Elle a aimé sa douceur,
Sa gaité, sa candeur ;
Assise près de lui
Ils ont échangé en silence
Ce moment fort empreint de chance…
Elle est repartie plus tard
Avec leur photo souvenir
Et dans ses bras, dans son foulard
Un petit chien baptisé « Avenir »…

A l'instant où le temps

ne voudra plus de moi,

je deviendrai cette couleur

que toi seul verras

dans l'éternel espace

de cet amour…

JE NE VEUX PAS GUERIR...

Je ne veux pas guérir,
Non, surtout ne pas guérir
De cette douceur
Qui me dévore
Lacérant mon corps...
Et pire encore... mon cœur...

Je veux souffrir
Dans les bras de la nuit
Dans les draps de l'envie
Dans le cri de ton cri
Me tordre et rebondir
Te mordre et m'endormir...

Je ne veux respirer
Que ton souffle caressant
Et vivre cet instant
Comme une éternité...
Je ne veux pas guérir
Mais te regarder me sourire
Dans cet amour silencieux
Je peux mourir sous tes yeux...

Dans ce monde bruyant,
L'armonie du désordre
Exaspère le silence...
... Aberration des temps !...

LES PLUS BEAUX MOTS-DE-L'AGE...

Viens jouer sur ces lignes
Avec les êtres, avec les cygnes,
Avec les lettres, avec les signes,
Et puis ces chiffres ronds
Tordus, dodus, points ou ponts,
Un omicron qui point ne pond
Car c'est la poule qui roule
Et la boule n'est pas « full »...
C'est maboul !

Viens jouer sur ces mots !
Bientôt pour les motos,
Plus tard pour les motards ...
C'est bien connu, et reconnu
Qui croirait que le... mot-nu-ment ?

                                        .../...

.../...

Mais qui se serait aperçu
De la lenteur des mots-passants
Par les douceurs des mots-roses ?
Dans le jardin du mot-Nastère
Poussent en silence le mot-lierre,
Et la liane molle Osse, brun moka,
Qui momifie qui ne s'y fie !

Viens jouer avec les mots,
Toi, joyeux mot-de-l'heure
Le Mozart du mot-né,
Des bidules, aux mots-dules,
Des mots-de l'âme aux beaux mots

.. A personne je n'en dirai mot... Motus !

Sous un soleil d'or, dort
L'empreinte de tes pas là...
Sous la lueur de la lune, une
Main serre ma main, ravie... vie !

ANIMAL... HUMAIN

Qui est-il ?

Sauvageon humain
Ou docile animal ?
Le dialogue vocal
Se perd dans le lointain,
L'écho se tait, fragile,
Dévoré par le virtuel
Du silence cruel....

L'homme invente des gestes
Des codes si complexes
Mais l'animal perplexe
Appréciera la sieste,
Les longues vocalises,
Seules connexions permises...

...../...

.../...

L'homme engloutit tout,
Peut-être par faute de goût,
Omnivore infernal
Dans sa solitude sentimentale...
Les ombres pensantes
Reflètent dans l'eau dormante
Ce regard si humain
De l'animal auquel il appartient...

... T'ECRIRE...

J'aime t'écrire
A cette heure si calme
Dans le velours de la nuit,
Imaginer ton sourire
Tendre et plein de charme
Pendant que tu lis...

J'aime te voir
Dans mes rêves, t'allonger,
Parler du silence et de rien,
Du début d'une histoire
D'encre et de papier...
Une larme roule sur ta main,
Mes lèvres murmurent encore
Ton nom peint sur mon cœur...
Je froisserai encore
Les pages sans bonheur,
Briserai en éclats
Celles ignorant tes doigts...

.../...

.../...

J'aime t'écrire
L'inattendu de la vie
La certitude qui se lit
Dans la douceur de ton soupir...

...LE THEATRE ?...

Le théâtre est un Art,
Un jeu,
Une comédie...

J'apprends,
Je récite... et j'oublie...

Ne me soufflez pas je vous prie :

J'apprendrai qui je suis...

La mémoire se nourrit
Des belles œuvres de la Vie !

TU ES LA...

Je voudrais être Toi
Pour te dire tout bas
Que je n'existe pas
Sans la lueur de ta voix

Je voudrais être moi
Te prendre dans mes bras
Ne faire qu'un, qu'une voix
Comme l'écho à mon cœur, tu es là...

... LA VIE !

J'escalade

Tu grimpes

Il s'écorche

Nous nous accrochons

Vous gravissez

Ils réussissent !

TU FERMERAS LA PORTE...

Tu fermeras la porte
De cette grande maison
Où raisonnaient ton nom
Tes rires, tes chansons,
Et dans les escaliers
Tes petits pas comptaient
Chaque marche qui menait
A des jeux imaginés...

Tu fermeras aussi
Fenêtres et volets,
Ses yeux seront ainsi
Clos sur mes pensées...
Comme j'ai peine à croire
Que c'est la fin de son histoire ;
Nous l'avions vu renaître
Dans la sueur et la douleur,
Dans la lourde poussière,
Elle retrouva la lumière
Et sa douce chaleur...
Nous en étions si fiers...

.../...

…/…

Tu tourneras la clef
Enfermant le passé
Dans un silence scellé
A un vide sans fond.
Le vent et les saisons
A travers tout ce temps
Jamais n'oublieront
La vie de notre maison…

Attends, s'il te plaît, attends
Un tout petit instant
Que je grave son souvenir
En fermant les yeux sur son sourire…

N'en perds pas la clef…

Je connais
Des moments silencieux
Où le fait de Penser
Est un bruit audacieux...

ERRANCE

Quelques mots errants
Egarés dans le mauvais temps
Imaginaient un plus que parfait
Que l'imparfait déjouait…
Ils se courbaient dans le vent
Ondulant fluctueusement
Au grè de l'encre marine
Coulant telle une ancre marine…

J'ai tenté maintes fois,
Mais était-ce de bon aloi,
De capturer tous ces mots
Pour parfaire mon tableau.
Mais en vain, quelle déveine !
Tout se tord, se déchaine,
A tort ou à raison, qu'ils viennent
Eclabousser cet art,
Ecrire sur le hasard !

…/…

.../...

Que dirait donc Mozart
Balzac ou Renoir
Picasso ou Ronsard
De ne plus rien savoir,

De ne pouvoir inventer
Des phrases désespérées
Ereintées, boursouflées,
Prêtes à exploser
D'une éternelle beauté ?

Quelques mots errants
Ont chanté dans le temps
La vie à tous les temps
Et l'amour de l'instant...
Je leur laisse la liberté
L'errance, la subtilité
De venir te parler
Sans se faire attraper !...

CHAT

J'aime ce regard interrogateur
Dans un silence plein de candeur
Mettant en apesanteur
Les battements de mon cœur…

Alors tu murmures le bonheur
Ronronnant sous la douceur
D'un battement de cil, complice
La vie est un délice….

ECOLE

Je lis

Tu écoutes

Il interroge...

Nous expliquons

Vous comprenez

Ils apprennent...

CERTAIN

Je marche, le pas vagabond
Le regard papillon,
Sur ce petit chemin au goût de paradis...
J'en connais chaque caillou
Chaque courbe fantaisie
Chaque tapis de mousse doux
Chaque buisson où les oiseaux
Se cachent quand fait chaud,
Chaque parfum dans la lumière
Glissant des pins dans la bruyère...
J'en connais chaque promesse
Chaque couleur de délicatesse...
Je marche, la main vide de ta main
Le cœur plein de toi, c'est certain...

Sur les ailes du Silence
Je pose le secret de ma Vie
Et dans la force de mon espérance
Je vais vers toi, sans bruit...

... COCKTAIL...

Mets dans un grand verre
Un lac de rêve vert
Un arc-en-ciel rose,
Une larme de prose…
Ajoute un soupçon
De douceur édredon
Et un zeste de miel
D'un rayon de soleil !
Pour relever le tout
Un piment un peu fou
Et même en cas de feu
Un iceberg tout bleu !
A présent en chantant
Tu peux lever ton verre
A la Terre toute entière,
Au soleil et au vent,
A cette Humanité,
A toujours, à jamais,
A demain, aux regrets
A ce Cocktail de l'Univers !

LA SIMPLICITE...

C'est l'essence de la vérité...

C'est offrir un sourire improvisé
A qui vous croisez,

Tendre la main pour aider
Et la réconforter

S'assoir pour écouter
Le chant d'un oiseau
Comme on écoute un opéra

S'émerveiller de l'instant présent

Et dire « Merci »...

Tout simplement...

Sois un rêve
Sois un songe
Une aile douce
Un frisson tendre
Un abandon
Un non-retour

Sois mon rêve
Sois mon songe
Nos rires éclaboussent
La vie pour la surprendre
Sois... Pardon
C'est l'Amour...

Sur le cristal des jours
J'ai gravé ma peine,
Et dans l'éclat de ton rire
Elle s'est brisée...

L'INSTANT DU DOUTE !...

Un instant, j'ai douté !
La vie s'est vidée,
L'incertitude a rempli
L'abîme insolent
D'une page blanchie,
Les mots innocents
Sont partis en déroute
Et ce doute
Que tant l'on redoute
Etait là... Sans aucun doute !

Mes yeux cherchaient avides,
Dans l'espace limpide,
La logique apside,
L'ombre de ce doute
Pour faire la lumière
Sur ce moment fluide,
Ce silence livide,
Ce flottement timide...

.../...

.../...

Ciel ! Le jour tombe !
La certitude retombe !
Il fera nuit bientôt :
Le doute n'a pas son mot !

J'ai craint l'hésitation
De tout remettre en doute,
Mais mon cœur à raison !
Alors, sois ma vie, ma passion !
Cette vérité, je l'écoute...
Sans aucun doute !

Qu'il y a-t-il de plus grand
dans une passion
que l'humilité à écouter des mots qui,
à peine prononcés,
sont déjà devinés... ?

J'aime la dimension
de cette tolérance,
cette fusion,
à comprendre même les silences...

AUTOMNE

Sur le doux paysage
De la faune sauvage,
Sous le charme alangui
Du soleil attiédi,
Vient se poser enfin
L'automne si câlin.
De ses tendres couleurs
Il pare déjà les heures
Et en camaïeux d'or
Le souffle léger du vent...
Automne ? Attends juste un instant
C'était l'été... Je dors encore...

Mon âme s'est perdue
Au coin de la rue...
Alors mes pas ont couru
Et le bonheur l'a reconnue !

…CES LIVRES…

Il y a ces livres qu'on lit
Et relit…
Ceux qui veillent
Du haut de leur étagère
Discrets sous nos regards
Glissant sur eux,
Ou bien fougueux,
Tumultueux
Pour se faire dévorer des yeux…

Il y a ceux qui dorment
Tout près d'un oreiller
Rêvant de nous bercer
Nous consoler
Nous emporter
Entre leurs pages
Comme des draps blancs
Innocents,
Doucement…

…/…

…/…

Il y a ceux qui nous entrainent
Dans leurs voyages
Entre les mots
Entre les vagues
Au-delà des maux
Des vagues à l'âme,

Nous prenant las
Pour nous jeter ailleurs
De cette vie là
Pour un monde meilleur
Nous laissant enfin tomber
Sur cette immense plage
Telle une étoile désemparée
Attendant les pages iodées…

…/…

.../...

Il y a ces livres
Ne se refermant jamais...
Jamais la « fin » ne nous délivre
Des mots rencontrés,
Soupçonnés,
Aimés,
Devinés,
Délivrés...
Ils sont les messages
Se cachant dans leur coquillage...

... UN BOUT DU CIEL...

Dans les plumes d'un oiseau
Il y a le parfum du vent
La douceur des nuages
Et le rire du soleil...

... IDEAL...

i... une lettre droite, avec son petit point d'honneur posé dessus

d... un doux désir, comme un dé que l'on prend, agite puis lance... Il roule vers sa destinée

é... parce que "TU" est, simplement là

a... algorithme de l'amour t'appartenant de Toujours à Toujours

l...Comme les ailes de Belle... Belle idée pour un bel idéal... Cet idéal prend sa source dans l'esprit, se forme dans l'espoir, et devient existence dans la musique de ta vie...Idéale...

Avant de partir

Il faut toujours sourire....

Au milieu d'un soupir

Il restera l'unique souvenir...

Je voudrais juste saisir
Cet instant envoutant de plaisir
A murmurer, à découvrir,
Dans la douceur du désir,
Le temps minuscule morceau de temps
Glissant sur le drap blanc,
Au milieu de cette éternité
Transparente de pureté...
... Pour t'aimer...

Livres précédents :

Dans le vent (VII 2017) BoD
Ecrits en amont (VIII 2017) BoD
Jeux de mots (VIII 2017) BoD
Etoile de la Passion (VIII 2017) BoD
As de cœur (XI 2017) BoD
Pensées éparses et parsemées (XI 2017) BoD
Le Sablier d'Or (XI 2017) BoD
Rêveries ou Vérités (I 2018) BoD
Couleurs de l'Infini (II 2018) BoD
Exquis Salmigondis (V2018) BoD
Lettres Simples de l'Etre simple (VI2018) BoD